Jngrid Uebe · Helga Spieß
Der kleine Brüllbär
geht zur Schule

Dieses Buch gehört:

Jngrid Uebe

Der kleine Brüllbär geht zur Schule

Mit Bildern von
Helga Spieß

Ravensburger Buchverlag

Jnhalt

Neugierige Leute　　　　　　　　5
Keine Lust　　　　　　　　　　11
Susi, wach auf!　　　　　　　　15
Rot ist die Liebe　　　　　　　25
Zu spät! Zu spät!　　　　　　　34
Jliana lernt hexen　　　　　　　44
Auf dem Heimweg　　　　　　　52

Neugierige Leute

Jeden Morgen,
bei Wind und Wetter,
ging der kleine Brüllbär
nun schon in die Schule.
„Hallo, kleiner Brüllbär!",
sagten die Leute,
wenn sie ihn trafen.
„Kannst du schon schreiben?
Kannst du schon lesen?"
„Schon ganz gut",
antwortete der kleine Brüllbär.
„Rechnen lerne ich übrigens auch."
„Macht es dir Spaß?",
fragten die Leute.
„Was gefällt dir von allem
am besten?"

„Am besten
gefällt mir die Pause",
sagte der kleine Brüllbär.
„Da können wir essen,
da können wir trinken,
und spielen können wir auch."
„Hast du einen Lehrer
oder eine Lehrerin?",
wollten die Leute wissen.
„Einen Lehrer",
antwortete der kleine Brüllbär.
„Er ist schon ganz alt,
aber sehr nett.
Er schimpft eigentlich nur,
wenn es unbedingt sein muss."
„Hast du schon Freunde
in deiner Klasse?",
fragten die Leute.

„Na klar",
sagte der kleine Brüllbär.
„Der kleine Brummbär
geht schließlich auch hin,
der ist ja schon längst mein Freund.
Und Susi Säbelzahn ist auch
schon längst meine Freundin.

Dann sind da noch Leontinchen,
die Tochter von Leo dem Löwen,
und Heribert Wolf.
Aber der ist sitzen geblieben."
„Wie vernünftig du bist,
kleiner Brüllbär!",
staunten die Leute.

„Kannst du denn
überhaupt noch brüllen?"
„Uaah!", brüllte der kleine Brüllbär.
„Natürlich kann ich noch brüllen!
Aber in der Schule
brülle ich nur in der Pause.
Da brüllen sie alle.
Vor Freude.
Sogar der Lehrer brüllt mit."

Keine Lust

Eines Morgens, als die Sonne
besonders hell
auf den Frühstückstisch schien,
sagte der kleine Brüllbär:
„Heute gehe ich nicht in die Schule.
Heute bleibe ich lieber zu Hause.
Jch will im Garten spielen.
Jch will mich ins Gras legen.
Dann will ich Himbeeren pflücken
und meine Füße
in den Bach halten."
„Aber kleiner Brüllbär",
sagte die Mutter.
„Das geht nicht so einfach.
Jn die Schule muss man,
ob man will oder nicht."

„Uaah!", brüllte der kleine Brüllbär.
„Jch habe aber heute keine Lust,
in die Schule zu gehen!
Das Wetter ist viel zu schön."
„Das Wetter ist heute Nachmittag
bestimmt auch noch schön",
sagte die Mutter.
Sie stand auf
und holte einen dicken Apfel.
Sie schnitt
ein Stück Honigkuchen ab
und packte es ein.
„Das ist für die Pause",
sagte sie tröstend.
„Uaah!", brüllte der kleine Brüllbär.
„Das kann ich auch hier essen!
Deswegen brauche ich nicht
in die Schule zu gehen."

Da klopfte jemand
draußen an die Tür.
„Das ist sicher
der kleine Brummbär",
sagte die Mutter.
„Er will dich abholen."
Der kleine Brüllbär schwieg.
Er wollte nicht,
dass sein bester Freund
ihn so brüllen hörte.
Er nahm seinen Ranzen
und ging seufzend zur Tür.
Die Mutter gab ihm
noch einen Kuss.
Dann machten sich
der kleine Brüllbär
und der kleine Brummbär
auf den Weg zur Schule.

Susi, wach auf!

Aber zuerst gingen sie
Susi Säbelzahn abholen.
Sie wohnte bei ihrer Großmutter
und doch ganz allein
hoch oben in einem Baumhaus.
Das hatte sie selbst gebaut.
Heute war dort alles noch still.
Auch unten in der Hütte
von Großmutter Säbelzahn
rührte sich nichts.
„Bestimmt haben die beiden
wieder verschlafen",
sagte der
kleine Brummbär
und schüttelte
den Kopf.

„Susi, wach auf!",
rief der kleine Brüllbär.
Er musste noch zweimal rufen.

Dann erschien Susi Säbelzahns Kopf
oben am Fenster.
Sie blinzelte mit ihren gelben Augen
und gähnte.
Jhr Fell war ganz durcheinander.

„Was wollt ihr denn so früh?",
fragte sie und gähnte noch einmal.

„Es ist gar nicht mehr früh",
sagte der kleine Brummbär.
„Du hast bloß wieder verschlafen."

„Jch doch nicht!",
antwortete Susi Säbelzahn.
„Höchstens meine Großmutter!
Und dabei sollte sie
mich doch wecken."
Flink kletterte sie herunter
und schüttelte sich.
Jetzt sah sie schon besser aus.
„Großmutter schläft noch",
sagte sie und lief um die Hütte.
„Alle Fensterläden sind zu.
Bestimmt ist sie heute Nacht
spät nach Hause gekommen.
Sie war nämlich tanzen,
auf dem Ball der einsamen Herzen."
„Also nun mach schon",
rief der kleine Brummbär,
„und hol deinen Ranzen!"

„Heute nicht!",
sagte Susi Säbelzahn.
„Er ist immer so lästig."
Der kleine Brummbär
schüttelte wieder den Kopf.
„Du wirst schon sehen,
was du davon hast", meinte er.
„Aber nun komm!"
„Sie muss doch erst frühstücken",
sagte der kleine Brüllbär.
Susi Säbelzahn
schüttelte den Kopf.

„Jch frühstücke nie zu Hause.
Jrgendwas läuft mir meistens
über den Weg."
Also zogen sie los.
Aber Susi Säbelzahn
hatte es gar nicht so eilig.
Sie ging einmal nach links
und einmal nach rechts.
Sie ging nur selten geradeaus.
Oft blieb sie stehen und schaute,
ob ihr etwas zum Frühstück
über den Weg lief.

„Wenn du so weitermachst",
sagte der kleine Brummbär,
„kommen wir ganz sicher zu spät."
„Na und?", fragte Susi Säbelzahn.
„Jch habe heute sowieso keine Lust."
„Jch auch nicht",
sagte der kleine Brüllbär.
„Da sind wir uns einig."
„Dann gehen wir einfach nicht!",
rief Susi Säbelzahn.
„Das ist eine gute Jdee."
„Finde ich nicht",
sagte der kleine Brummbär.
„Wir werden Schimpfe bekommen."
Susi Säbelzahn lachte.
„Wenn wir nicht da sind,
können wir auch
keine Schimpfe bekommen."

„Ja, aber morgen!",
sagte der kleine Brummbär.
Susi Säbelzahn sah ihn
verächtlich an und rief:
„Dann geh doch, du Feigling!"
Da drehte sich der kleine Brummbär
um und lief schnell in die Schule.
Der kleine Brüllbär überlegte,
ob er hinterherlaufen sollte.
Aber er wollte kein Feigling sein.
Er wollte bei Susi Säbelzahn bleiben.
Sie lag gemütlich im Farnkraut
und blinzelte in die Sonne.
Dabei schnurrte sie vor Behagen.
Der kleine Brüllbär nahm
seinen Ranzen ab
und warf ihn irgendwohin.

Dann legte er sich
neben Susi Säbelzahn und sagte:
„Jch bin kein Feigling, nicht wahr?"
„Nein", antwortete Susi Säbelzahn,
„du bist ein toller Kerl und mein
allerbester Schnuckelbär obendrein."

Rot ist die Liebe

„Was machen wir jetzt?",
fragte der kleine Brüllbär.
„Sollen wir Verstecken spielen?"
„Zuerst machen wir Picknick",
sagte Susi Säbelzahn.
„Was hast du mit?"
„Honigkuchen und einen Apfel",
antwortete der kleine Brüllbär.
„Jch gebe dir gern etwas ab."
„Jch mag lieber was Herzhaftes
zum Frühstück",
sagte Susi Säbelzahn.
„Vielleicht einen Fisch!"
Sie lief zum gluckernden Bach.
Es dauerte nicht lange,
da hatte sie einen Fisch gefangen.

Das Picknick konnte beginnen.
„Nachher pflücken wir Himbeeren",
sagte der kleine Brüllbär.
„Na gut", stimmte Susi Säbelzahn zu.
„Süßes zum Nachtisch, das geht!"
Sie ließen es sich schmecken.
„Die andern haben jetzt Rechnen",
sagte der kleine Brüllbär.
„Acht minus sechs – das ist
gar nicht so leicht."

„Ist doch leicht!",
rief Susi Säbelzahn.
„Siehst du,
hier sind acht Himbeeren.

Sechs esse ich selbst.
Dann bleiben zwei
für dich übrig.
Acht minus sechs
ist gleich zwei."

„Tatsächlich!",
staunte der kleine Brüllbär
und steckte
die beiden Himbeeren
in seinen Mund.

„Du bist wirklich schlau", sagte er.
„Du kannst Lehrerin werden."

„Jch doch nicht!",
sagte Susi Säbelzahn.
„Dann müsste ich ja
jeden Tag in die Schule,
so lange, bis ich uralt bin."
„Sollen wir noch mehr rechnen?",
fragte der kleine Brüllbär.
„Wir können ja Schule spielen."
„Nein", antwortete Susi Säbelzahn,
„wir spielen lieber Hochzeit.
Du bist der Bräutigam,
und ich bin die Braut."
„Au ja!", rief der kleine Brüllbär.
„Das Spiel gefällt mir!"

Susi Säbelzahn sagte:
„Eigentlich müsste ich
einen Schleier haben
und du einen Zylinderhut.
Aber es geht auch so."
Sie machte für sich einen Kranz
aus roten Ranunkeln.
Dem kleinen Brüllbär steckte sie
blaue Veilchen an die Brust.
„Rot ist die Liebe", sagte sie,
„und blau ist die Treue."
„Ja", nickte der kleine Brüllbär,
„das heißt, dass wir uns lieben
und treu sein wollen,
solange wir leben."
„Jedenfalls diesen Sommer",
sagte Susi Säbelzahn
und reichte ihm ihre Pfote.

Sie gingen ein Stück
am gluckernden Bach entlang
und dann wieder zurück.
Sie hockten sich dicht ans Wasser
und schauten hinein.
Sie fanden
ihr Spiegelbild wunderschön.

Nach einer Weile fragte
der kleine Brüllbär:
„Und wie geht es jetzt weiter?"
Susi Säbelzahn dachte nach.
Dann sagte sie:
„Wir müssten Gäste haben!
Zu einer richtigen Hochzeit
gehören ganz viele Leute.
Nur zu zweit ist Heiraten
ziemlich langweilig."
„Findest du?",
fragte der kleine Brüllbär.
„Unbedingt",
antwortete Susi Säbelzahn.
„Du etwa nicht?"
Der kleine Brüllbär zögerte.
„Weißt du was",
sagte Susi Säbelzahn,

„wir gehen jetzt doch in die Schule!
Zur Abwechslung ist
Rechnen und Schreiben
auch mal ganz nett."
Eigentlich hatte sie Recht.
„Meinetwegen",
sagte der kleine Brüllbär.
„Allerdings kommen wir viel zu spät.
Der Lehrer wird mit uns schimpfen."
Susi Säbelzahn zuckte die Achseln.
„Er soll froh sein, dass wir
überhaupt noch kommen!",
meinte sie.
Flink lief sie davon.
Der kleine Brüllbär lief
hinter ihr her.
Seinen Ranzen hatte er
in der Eile vergessen.

Zu spät! Zu spät!

Hoffentlich ist jetzt Pause!,
dachte der kleine Brüllbär.
Dann fallen wir nicht so auf.

Aber der Schulhof war leer.
Sie rannten die Treppe hinauf
und den Flur entlang.
Vor der letzten Tür machten sie Halt.
„Sollen wir anklopfen?",
fragte der kleine Brüllbär.
Jhm pochte das Herz bis zum Hals.
Susi Säbelzahn schüttelte den Kopf.
„Wieso denn? Wir sind hier
doch nicht zu Besuch!"
Sie riss die Tür auf
und marschierte hinein.
Der kleine Brüllbär schlich
hinter ihr her.
Alle Kinder drehten sich um
und starrten sie an.
„Zu spät! Zu spät!", rief
Heribert Wolf. „Und ohne Ranzen!"

Der kleine Brüllbär erschrak.

Auch das noch!, dachte er

und wäre am liebsten

im Boden versunken.

„Sieh einmal an!", sagte der Lehrer.

„Wollt ihr mir vielleicht sagen,

wo ihr jetzt herkommt?"

Susi Säbelzahn nickte.

„Wir müssen ja wohl.

Es ist auch gar kein Geheimnis.

Wir waren am Bach

und haben gespielt."

„Gerechnet auch!",

fügte der kleine Brüllbär hinzu.

„Soso", sagte der Lehrer,

„das ist immerhin etwas.

Aber wo habt ihr

eure Ranzen gelassen?"

„Zu Hause", sagte Susi Säbelzahn.

„Am Bach", sagte der kleine Brüllbär.

Der Lehrer seufzte.

„Setzt euch auf eure Plätze!

Für heute will ich nicht schimpfen,

weil es das erste Mal ist.

Aber es darf

nicht wieder vorkommen!"

Die beiden setzten sich hin

und atmeten auf.

„Jch will jedem von euch

noch eine Aufgabe stellen",

sagte der Lehrer.

„Jch muss doch sehen,

ob ihr etwas versäumt habt."

Er dachte einen Augenblick nach.

„Wieviel ist acht minus sechs?",

fragte er dann.

„Acht minus sechs ist gleich zwei",
sagte der kleine Brüllbär
wie aus der Pistole geschossen.
„Donnerwetter!", sagte der Lehrer.
„Das hätte ich auch
nicht schneller gekonnt."

Dann schickte er Susi Säbelzahn
an die Tafel.
„Schreib deinen Namen!",
verlangte er.
„Kannst du das wohl?"
„Ph!", machte Susi Säbelzahn.
„Jch kann das und noch mehr!"
Sie nahm die Kreide.
Zuerst schrieb sie: Susi.
Dann schrieb sie: ist schlau.
„Susi ist schlau",
lasen die Kinder und lachten.
„Ja, das ist sie",
sagte der Lehrer
und lachte mit.
Da klingelte es.
„Jst die Schule schon aus?",
fragte der kleine Brüllbär erfreut.

„Wir haben noch eine Stunde",
sagte der Lehrer.
„Eigentlich hätten wir Lesen.
Aber weil ihr alles
so gut gekonnt habt,
erzähle ich euch jetzt
eine Geschichte."
„Eine Abenteuergeschichte!",
rief Susi Säbelzahn.

„Eine Gruselgeschichte!",
rief Heribert Wolf.

„Eine Liebesgeschichte!",
rief der kleine Brüllbär.

„Von jedem ein bisschen!",
sagte der Lehrer.
Er setzte sich an sein Pult,
und dann fing er an:

Jliana lernt hexen

„Es war einmal eine alte Hexe.
Die bekam auf ihre sehr alten Tage
noch ein Kind.
Es war ein schönes kleines Mädchen.
Das nannte sie Jliana.
Die alte Hexe liebte ihr Kind
über alle Maßen.
Sie verwöhnte es
vom Morgen bis zum Abend
und vom Abend bis zum Morgen.

Sie sang ihm süße Lieder ins Ohr
und erzählte ihm
schöne Geschichten.
Wenn die Sonne schien,
spielte sie mit ihm
in dem bunt blühenden Garten,
der rings um das Hexenhaus wuchs.
Als Jliana sechs Jahre alt war,
sprach ihre Mutter:
‚Kind, du musst hexen lernen!‘
Jliana antwortete: ‚Zum Lernen
habe ich gar keine Lust!‘
‚Wenigstens drei Dinge‘,
sagte die Mutter, ‚damit du
für dich selbst sorgen kannst,
wenn ich einmal nicht mehr da bin.‘
‚Welche drei Dinge?‘,
fragte Jliana.

‚Windmachen und Fliegen',
antwortete die Alte,
‚und dann noch, wie man
sich in eine Schlange verwandelt.'
‚Na gut', sagte Jliana,
‚aber mehr lerne ich nicht.'
Sie nahm das Zauberbuch
und lernte die drei Dinge,
die ihre Mutter von ihr verlangt hatte.
Als Jliana sechzehn Jahre alt war,
starb die alte Hexe
friedlich und ohne Sorgen.
Alles, was sie besessen hatte,
gehörte nun ihrer Tochter.
Jliana lebte eine Weile allein.
Doch weil ihr das zu langweilig war,
und auch weil ihr der Garten
allmählich über den Kopf wuchs,

holte sie sich schließlich
einen jungen Gärtner ins Haus.
Der liebte sie und tat alles,
was sie von ihm verlangte.
Das gefiel Jliana sehr wohl.
Jn der Nähe wohnte aber
ein böser Zauberer.
Der neidete den beiden ihr Glück.
Eines Tages entführte er den Gärtner
auf einen hohen Berg und
steckte ihn in einen finsteren Turm.
Die Tür schloss er siebenfach ab
und warf den Schlüssel
in einen tiefen Brunnen.
Darauf ließ er einen dichten Nebel
aus den Felsspalten steigen.
Der legte sich über das ganze Land,
auch um Jlianas Haus.

Sie konnte nicht einmal
bis zum Ende ihres Gartens blicken
und schon gar nicht
bis zum Turm auf dem Berg.
Da nahm Jliana den Zauberspiegel,
den sie von ihrer Mutter geerbt hatte,
und sah darin,
wo ihr Liebster war.
Schnell setzte sie
einen Topf auf das Feuer
und kochte darin
einen gewaltigen Wind.
Den ließ sie los.
Als er den Nebel vertrieben hatte,
flog Jliana zum Turm auf dem Berg.
Dort verwandelte sie sich
in eine Schlange
und kroch in den Brunnen.

Sie holte den Schlüssel heraus.
Darauf nahm sie wieder
ihre gewöhnliche Gestalt an
und befreite den Gärtner.
Zuerst nahm er sie in die Arme,
dann hockte er sich
auf ihren Rücken.
Sie trug ihn im Flug
zurück in ihr Haus.
Dort lebten sie beide in Freude und
Wonne und auch in Frieden.
Denn der böse Zauberer
ließ sie in Ruhe.
Er hatte eingesehen, dass Jliana
ihr Hexenhandwerk verstand."

Der Lehrer schwieg.
„Das war eine schöne Geschichte!",
rief der kleine Brüllbär.
„Gut, dass Jliana fleißig gelernt hatte!"
„Ja, das finde ich auch",
sagte der Lehrer.
„Und jetzt dürft ihr heim.
Die Schule ist aus."
„Uaah!", brüllte der kleine Brüllbär
vor lauter Freude.

Auf dem Heimweg

Sie liefen hinaus,
Susi Säbelzahn allen voran.
Sie rief: „So beeil dich doch,
kleiner Brüllbär!
Raus aus der Schule
geht viel schneller als rein.
Außerdem müssen wir noch
deinen Ranzen suchen."
Doch der kleine Brüllbär
war stehen geblieben.
Er wartete nämlich
auf den kleinen Brummbär.
Er fragte ihn: „Hilfst du mit,
meinen Ranzen suchen?"
„Hab keine Lust",
brummte der kleine Brummbär.

„Ach komm, sei wieder gut!",
sagte der kleine Brüllbär.
„Du bist doch mein bester Freund."
„Und Susi Säbelzahn ist
deine beste Freundin",
brummte der kleine Brummbär.
„Stimmt", sagte der kleine Brüllbär.
„Man kann doch beides haben –
eine beste Freundin
und einen besten Freund."
Susi Säbelzahn flitzte heran.
„Sie hat gesagt,
ich wäre ein Feigling",
brummte der kleine Brummbär.
„Ach was", sagte Susi Säbelzahn,
„das habe ich nicht so gemeint.
Wir wollen uns wieder vertragen!"
Da ging der kleine Brummbär mit.

Sie kamen zum gluckernden Bach.
Sie fanden den Ranzen
unter der Himbeerhecke.
Alle Sachen waren herausgefallen.
Aber innendrin war ein Geräusch,
ein Rischeln und Rascheln,
ein Knistern und Knuspern.
Vorsichtig schauten sie nach.
Jm Ranzen saßen fünf Mäuse
und knabberten Kuchenkrümel.

„Die sind aber niedlich!",
sagte der kleine Brüllbär.
„Die sind aber süß!",
sagte der kleine Brummbär.
Susi Säbelzahn nickte.
„Zum Fressen niedlich und süß!"
„Sollen wir sie mitnehmen?",
fragte der kleine Brummbär.
„Nein", sagte der kleine Brüllbär.
„Meine Mutter ist nicht für Mäuse."
„Meine Großmutter schon",
meinte Susi Säbelzahn.
„Sie steckt sie bestimmt
gleich in den Topf."
„Dann lassen wir sie lieber hier!",
sagte der kleine Brüllbär.

Als die Mäuse alle Krümel
aufgefressen hatten,
scheuchte er sie aus dem Ranzen.
Dann packte er seine Sachen hinein.
„Kommt ihr heute Nachmittag
zu mir?",
fragte der kleine Brummbär.
„Mein Vater hat mir Stelzen gemacht.
Vielleicht macht er euch
auch welche."
„Au ja!", rief Susi Säbelzahn.
„Mit Stelzen ist man viel größer!"
„Wir kommen um vier",
sagte der kleine Brüllbär,
„wenn wir die Hausaufgaben
gemacht haben."
Der kleine Brummbär lachte.
„Wir haben ja gar keine auf!"

„Dann kommen wir schon um drei",
sagte der kleine Brüllbär.
„Also bis dann!", rief Susi Säbelzahn.
„Jch muss jetzt Mittag essen.
Hoffentlich gibt es
nicht wieder Labskaus!"
Sie rannten nach Hause.
Der kleine Brüllbär
hatte gewaltigen Hunger.
Bestimmt hatte die Mutter
etwas Gutes gekocht.
Ein süßer Duft zog durch den Wald.
Der kleine Brüllbär lief ihm entgegen.
Die Mutter machte die Tür auf.
„Na, wie war's in der Schule?",
fragte sie lächelnd.
„Schön!", rief der kleine Brüllbär.
„Ja, wirklich, sehr schön!"

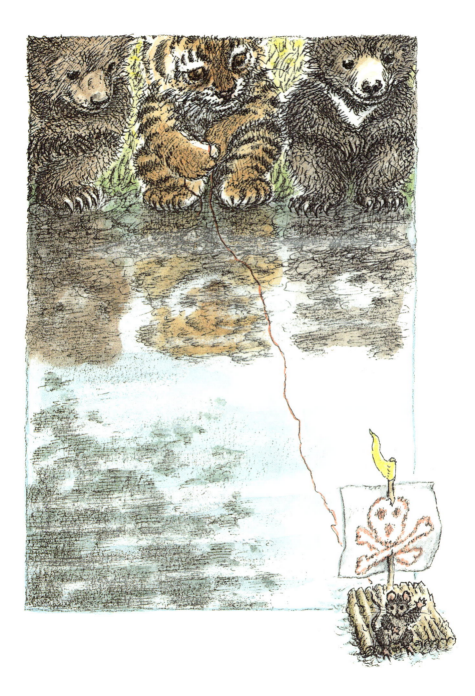

**Die Schreibweise entspricht den Regeln
der neuen Rechtschreibung.**

5 4   97 98 99

Ravensburger Blauer Rabe
Farbige Neuausgabe
© 1989 für den Text und © 1995 für die Jllustrationen
Ravensburger Buchverlag
Umschlagbild: Helga Spieß
Redaktion: Karin Schreiner
Gesamtherstellung: Mohndruck, Gütersloh
Printed in Germany
ISBN 3-473-34049-9